Brennpeter „Junior“
(regelbares Gerät)

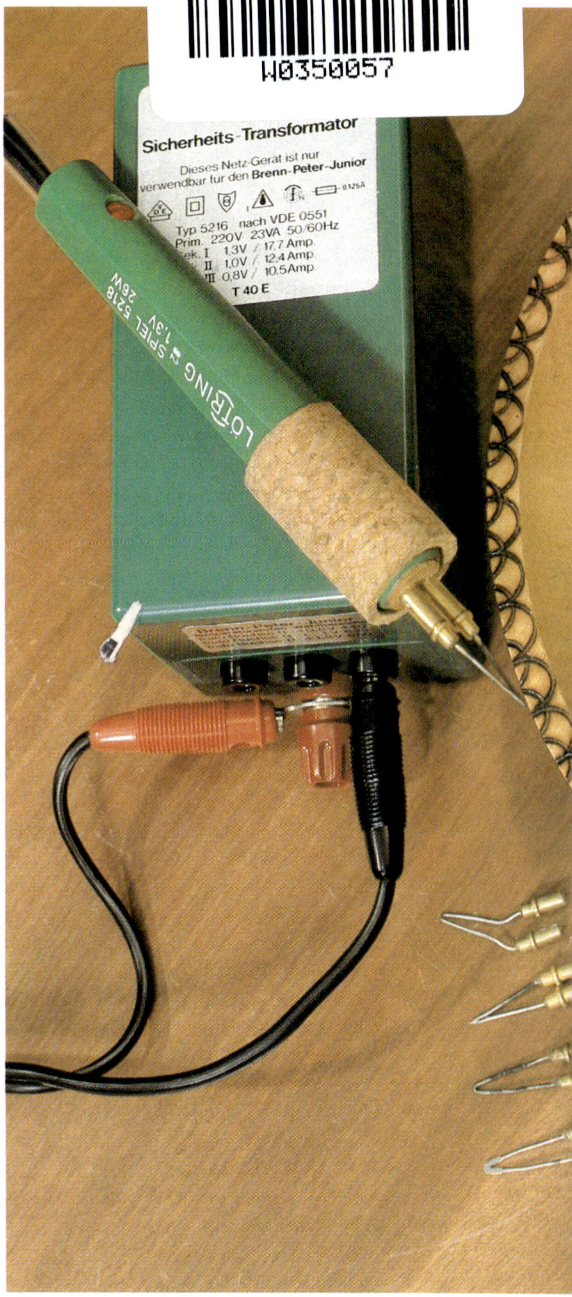

Dieses sehr handliche Brenngerät mit seinem Korkgriff ist regelbar und wird auch an der normalen Steckdose (220 Volt) angeschlossen. Durch Umstecken des roten Bananensteckers erreicht man folgende Kleinspannungsstufen: 0,8 V – 1 V – 1,3 V.
Aufgrund der verschiedenen Temperaturstufen kann man sich optimal auf die Holzart und Arbeitsgeschwindigkeit einstellen. Bei den Brenneinsätzen handelt es sich um hochwertigen Widerstandsdraht. Die Brennschleifen sind durch Ein- und Ausstecken leicht auszuwechseln, dabei ist darauf zu achten, daß ein sauberer Kontakt vorhanden ist. Gegebenenfalls die geschlitzten Steckbuchsen leicht zusammendrücken. Beim Wechseln der Brenneinsätze muß der rote Bananenstecker herausgezogen sein. Dieses Gerät ist nicht billig, aber dafür auf allen Holzarten einsetzbar und läßt außerordentlich feines und detailliertes Arbeiten zu. Gerät und Brennschleifen sind für den Dauerbetrieb geeignet, jedoch kann man die Lebensdauer der Brennschleifen verlängern, wenn das Gerät in Pausenzeiten abgeschaltet wird.

Leistungsstarker Brennapparat

Er ist universell einsetzbar. Dieses Gerät liegt im Preis sehr hoch, ermöglicht aber durch die stufenlose Temperaturregelung ein optimales Brennen auf allen Holzarten. Angeschlossen wird das Gerät an die normale Steckdose (220 Volt). Mit dem roten Knopf kann man ein- und ausschalten, ohne die Temperatur verstellen zu müssen. Der Korkgriff wird auch bei längerem Arbeiten nicht warm. Die sehr robusten Brenneinsätze können rotglühend aufgeheizt werden, ohne daß sie durchbrennen. Sie eignen sich ausgezeichnet für den Tiefbrand. Punktieren, einfache Linien ziehen, feine Schraffuren anlegen, flächiges Ausarbeiten: Mit diesem Gerät ist alles möglich.

Was kann man brennen?

Holzgegenstände lassen sich am besten bearbeiten, wobei Leder, Kork und Samt auch beliebte Materialien sind. Dieses Buch behandelt vorwiegend das Brennen von Holzgegenständen. Für die ersten Brennversuche eignen sich Pappelsperrholzbrettchen und kleine Rohholzgegenstände, wie Ahornteller, Fleischbretter, Tabletts, Kerzenleuchter usw. am besten. Die Kaufhäuser, Spielwaren- und Hobbygeschäfte bieten eine große Auswahl an. Beim Kauf ist darauf zu achten, daß man vorwiegend Pappel-, Ahorn- und Lindenholz aussucht. Diese Holzarten sind sehr hell und die Brennspur hebt sich gut ab. Man kann vom hellsten Braun bis ins tiefste Schwarz schattieren. Vermeiden Sie als Anfänger Tanne, Fichte und Kiefer. Diese Hölzer

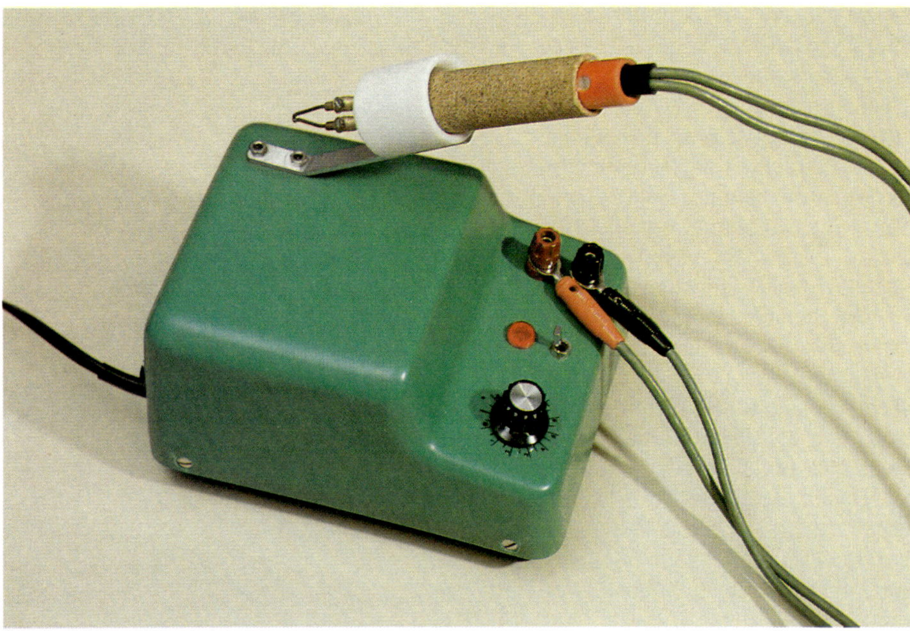

erschweren durch ihre Maserung das gleichmäßige Brennen. Selbstverständlich läßt sich auch Buchen- und Eichenholz verwenden. Da diese Holzarten etwas dunkler sind, hebt sich natürlich die Brandmalerei nicht so deutlich ab. Oft ist aber der Effekt auch gewünscht. Die neu gekauften Holzrohlinge müssen lediglich vor dem Brennen mit 240er Sandpapier feingeschliffen werden.

Anders ist es bei alten Möbeln, die man noch bei Entrümpelungen, Flohmärkten oder auf Omas Dachboden finden kann. Diese Möbel stammen vorwiegend von der Jahrhundertwende und müssen erst von alten Farbanstrichen befreit werden. Alte Möbel sind zwar mit sehr viel Arbeit verbunden, man wird aber durch die Holzqualität und Formschönheit der Möbel entschädigt.

Lederuntersetzer

Auf ein Stück Transparentpapier zeichnet man das Motiv. Mit einem nassen Lappen feuchtet man das Leder an. Nun wird die Transparentvorlage auf das Leder gelegt und die Linien mit dem Bleistift nachgezogen. Der Eindruck ist auf der Lederoberfläche deutlich zu erkennen. Mit dem Brennstift zieht man bei niedriger Temperatur die eingedrückten Konturen nach. Der Rand des Untersetzers wird durch kleine Kerben verschönert. Um Leder farbig zu gestalten, benötigt man Anilinfarbe, die mit einem Haarpinsel zügig aufgetragen wird. Damit man an den gebrannten Lederteilen länger Freude hat, sollte ein Lederlack mit dem Lappen aufgetragen werden. Er schützt vor häßlichen Flecken und macht das Leder geschmeidiger. Die Brandmalerei wirkt dadurch ausdrucksvoller.

Werkzeuge, Hilfsmittel und Materialien

Außer einem guten Brenngerät sollte man immer eine Flachzange und einen Schraubenzieher zum Wechseln der Brenneinsätze bereitliegen haben. Eine kleine Drahtbürste, mit der man die Brennspitzen ab und zu reinigt, ist unbedingt notwendig. Damit der Küchen- oder Wohnzimmertisch nicht in Mitleidenschaft gezogen wird, genügt eine alte Holzplatte als Arbeitsunterlage. Sandpapier in den verschiedenen Körnungen ist empfehlenswert. Das Holz sollte vor dem Brennen grundsätzlich feingeschliffen werden. Transparentpapier, Bleistift, Radiergummi, Lineal, Winkel und Zirkel dienen zum Vorzeichnen und Entwerfen der Motive. Nach dem Brennen werden die Holzteile lackiert. Matt- und Seidenglanzlacke, Antikwachs und Mattierungen sind in jedem Farben- und Hobbyhandel zu bekommen, ebenso Mal- und Lackierpinsel. Besonders effektvoll ist es, wenn man bestimmte Holzflächen beizt. Außer einfachen Pulverbeizen gibt es kratzfeste Fertigbeizen und Wachsbeizen in allen erdenklichen Holztönen. Anspruchsvolle Lederarbeiten müssen mit Lederlack behandelt werden. Färben kann man sie mit Anilinfarbe. Ein sauberes Tuch sollte zum Reinigen der Hände oder Pinsel immer bereitliegen.

Untersetzer mit Korkeinlage

Hier wird ausnahmsweise mal nicht das Holz, sondern die Korkeinlage gebrannt. Kork ist sehr weich und läßt sich ausgezeichnet mit Brandmalerei verzieren.
In Spielwaren- und Hobbyfachgeschäften bekommt man die verschiedensten Korkteile.

Samtkissen

Samt ist ein interessantes Material zum Brennen.
Dazu benötigt man aber unbedingt ein stufenlos regelbares Brenngerät, um feinste Schattierungen durchführen zu können. Am besten eignet sich der hellgraue Samt; hier hebt sich die Brennspur sehr gut ab.
Erst werden die Konturen gezogen und dann sehr zart die Licht- und Schattenpartien angelegt. Ganz helle Glanzlichter werden erreicht, indem man nur kurz und leicht über die Samtoberfläche mit dem Brennstift fährt.
Es lassen sich auch Wandbilder und einfache Deckchen herstellen.

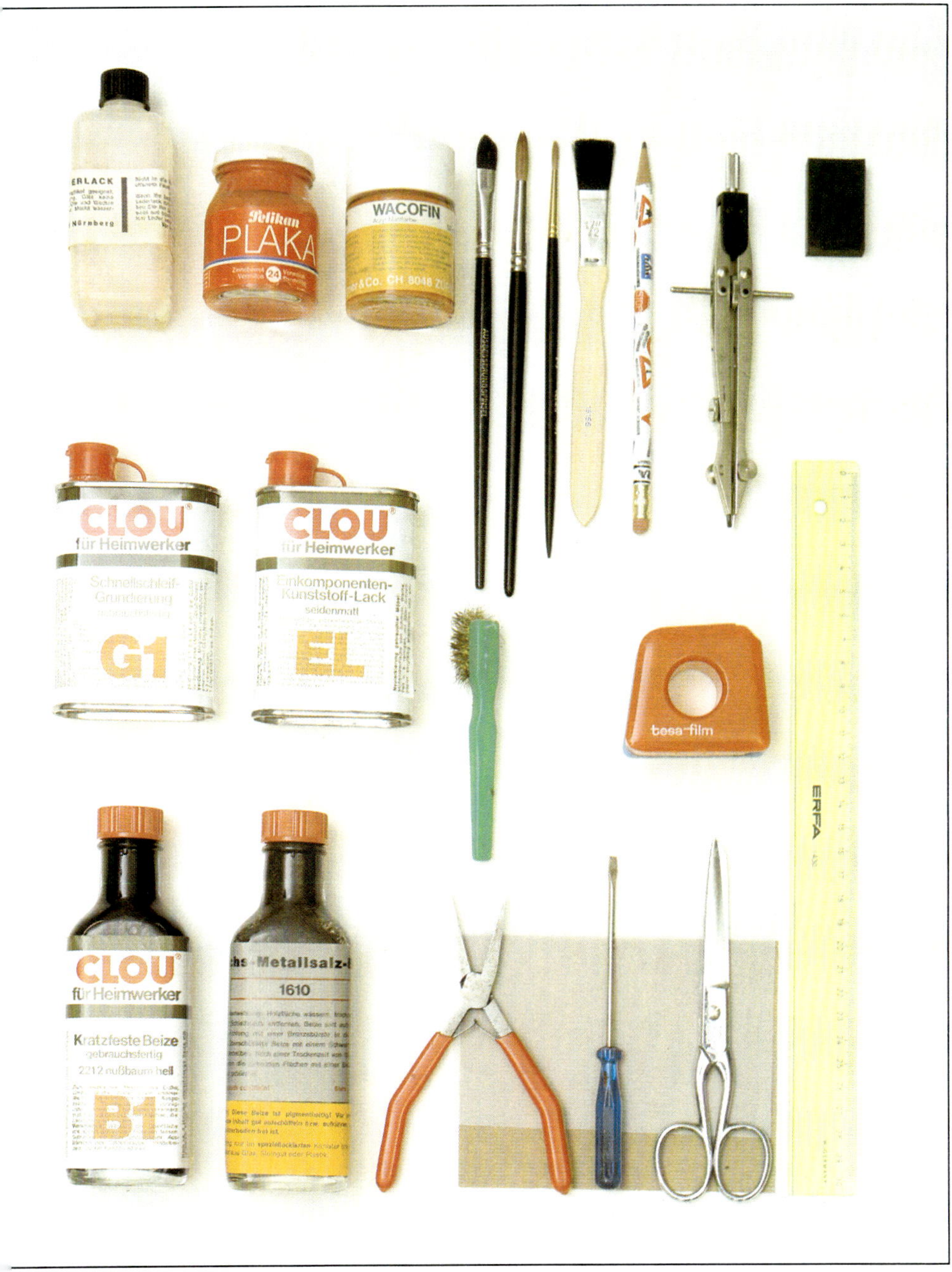
Pelikan
PLAKA
WACOFIN
CLOU
für Heimwerker
Schnellschleif-Grundierung
G1
CLOU
für Heimwerker
Einkomponenten-Kunststoff-Lack
seidenmatt
EL
tesa-film
ERFA
CLOU
für Heimwerker
Kratzfeste Beize
gebrauchsfertig
2212 nußbaum hell
B1
1610

Die verschiedenen Brenntechniken

Punkte und Linien

Mit viel Phantasie kann man die verschiedenartigsten Motive hervorzaubern. Lineal und Zirkel sind dabei unentbehrliche Hilfsmittel. Ein einfaches Rasterfeld, mit dem Bleistift aufgezeichnet, ergibt ideale Anhaltspunkte für geometrische Motive. Selbst Schriften und Anfangsbuchstaben kann man mit lauter Punkten erarbeiten. Besonders bei Kerzenleuchtern und anderen gedrehten Holzteilen bietet sich diese Brenntechnik an.

Dose

Für Konfekt oder sonstige Süßigkeiten geeignet. Die Ränder der Dose sind mit Punkten verziert. Der Brennstift wird dabei senkrecht aufgesetzt. Die Halbkreise werden mit dem Zirkel vorgezeichnet und an der Linie entlang punktiert. Auch der Dosendeckel wird lediglich mit Punkten versehen. Die Dose ist zwar nur einfach verziert, aber dennoch wirkungsvoll.

Kerzenständer

Das Buchenholz wird durch den Lack dunkler. Beim Brennen des Motivs sollte man dies beachten. Große und kleine Punkte bilden hier die Verzierung. Durch die sehr schlichte Motivgestaltung paßt fast jede Kerze auf diesen Ständer.

Geometrische Grundformen

Anleitung auf Seite 10

Mittlerweile gibt es eine große Anzahl von Brennstempeln, die man in Kaufhäusern, Spielwaren- und Hobbyfachgeschäften findet. Praktisch ist die Ablage – auf einen Blick übersieht man das ganze Stempelsortiment. Die Stempel müssen beim Brennen senkrecht aufgesetzt werden, dadurch wird die Brennspur gleichmäßiger. Als Vorzeichnung genügt oft nur ein Kreis, ein Quadrat, ein Dreieck oder eine Linie, um daran exakt die Stempelmotive aneinanderreihen zu können. Zwischendurch müssen die Stempel mit der Drahtbürste gereinigt werden. Diese Brenntechnik bietet sich für Kinder an.

Salzstreuer und Pfeffermühle

Ein schönes Geschenk für die Mutti. Die Ränder der gedrehten Teile sind Anhaltspunkte für das Einbrennen der geometrischen Formen. Zum Schluß werden die gebrannten Holzteile feingeschliffen. Evtl. Unregelmäßigkeiten, die beim Brennen entstanden sind, lassen sich dadurch beseitigen. Es entsteht so ein harmonischer Gesamteindruck.

Truhe

Mit einem Zirkel zieht man Hilfslinien in der Mitte und Ecke des Truhendeckels. An den Linien entlang werden dann die geometrischen Grundformen eingebrannt. Der Rand ist mit Kreisen und Quadraten versehen. Das Pappelsperrholz ist bestens für diese Stempeltechnik geeignet. Die Truhe kann man zum Aufbewahren von allerlei Sachen verwenden.

Zeichnen und Schattieren

Mit einem guten Brenngerät, bei dem sich die Temperatur regeln läßt, ist ein Zeichnen und Schraffieren wie mit dem Bleistift möglich. Soll eine realistische, plastische und harmonische Bildwirkung zustande kommen, muß auf gleichmäßig angelegte Schraffuren Wert gelegt werden. Wahllose Linien würden das Bild zerstören. Das Motiv wird mit dem Bleistift vorgezeichnet, wobei wir auf Schattierungen verzichten.
Dann werden die Umrißlinien mit dem Brenngerät hauchdünn nachgezogen. *Feine Konturen kann man noch verstärken, starke Konturen lassen sich nicht mehr feiner machen.* Man beginnt beim Schattieren mit den hellsten Tönen und arbeitet sich bis zu den tiefschwarzen hin. Umso ausdrucksvoller wird der Hell-Dunkel-Kontrast. Sehr zarte Übergänge erreicht man, indem man den Brennstift kreisend über das Holz führt. Die besten Resultate erzielt man auf Pappel-, Ahorn- und Lindenholz.

Halbfertiger Baum

Die plastische Wirkung erzielt man nur dann, wenn Licht und Schatten gut herausgearbeitet werden. In der Natur ist einem das alles klar, nur wenn man es aufs Papier bringen soll, dann fangen die Schwierigkeiten an. Am besten Sie zeichnen diesen Baum einmal ab und übertragen ihn mit Transparentpapier auf das Holz. Vorerst werden nur ganz leicht mit den Brennstift die Konturen des Stammes, der Äste und der Laubmassen angedeutet. Es ist nicht nötig, daß man jedes einzelne Blatt brennt. Mit kleinen Punkten, runden und geraden

Linien werden ganze Laubmassen umrissen und Licht- und Schattenpartien ausgearbeitet. Dabei ist auf eine einheitliche Gesamtwirkung zu achten. Durch gleichmäßiges Kreisen mit dem Brennstift erreicht man ein harmonisch abgestuftes Bild. Die dunkelsten Schattenpartien werden nochmals mit einer höheren Temperatur gebrannt.

Wandbild „Blumen" (Abb. S. 12)

Die Pappelsperrholzscheibe wurde feingeschliffen und dann mit dem Motiv versehen. Graphitpapier hilft beim Übertragen des Motivs. Der Hintergrund wurde mit dem Brennstift in kreisender Bewegung bräunlich ausgearbeitet. Die Blumen sind sehr plastisch angelegt. Ein Mattlack, der die Brandmalerei erst richtig wirken läßt, sollte nicht fehlen.

Tiefbrand

Meistens findet diese Technik bei großen Gegenständen wie Truhen, Schränken, Kommoden usw. Anwendung. Man könnte ein ganzes Zimmer so einrichten. Nach einem gut durchdachten Entwurf werden die Konturen sehr tief nachgebrannt. Die Brennspitze sollte daher ständig glühen. Sobald man nämlich mit dem Holz in Berührung kommt, entsteht eine kleine Flamme. Sie sorgt beim Brennen dafür, daß der lästige Rauch verschwindet. Nur mit einer sehr hohen Temperatur läßt sich diese Technik ausführen; dazu ist natürlich dann auch der entsprechende Brennapparat notwendig. Robuste Brenneinsätze vertragen diese

Temperatur und man kann damit stundenlang brennen. Erscheint einem das gebrannte Motiv zu dunkel, dann kann man es mit Wasser und einer Wurzelbürste aufhellen. Sollte des gute Stück gar mit Abbeizmittel und Wasserstoff nachbehandelt werden, ist kaum noch etwas von der braunen Brennspur übrig, dafür wirken aber die tiefeingebrannten Linien und Grundierungen wie Kerbschnitzerei.

Schrank von 1899

Die Holzoberfläche wurde gewässert, mit 240er Schleifpapier und Stahlwolle feingeschliffen und mit dem Brennstift bearbeitet. Das Motiv ist sehr tief eingebrannt. Erst nach dem Bearbeiten mit Abbeizmittel und Wasserstoff wurde die Brennspur so hell und so wirkungsvoll wie eine Kerbschnitzerei. Anschließend wurde der Schrank mit einer Bienenwachslösung eingelassen. Nach dem Antrocknen wurde die Oberfläche gebürstet und mit einem Wollappen poliert.

Mit Farbe ausmalen

Holzbrand muß Holzbrand bleiben. Deshalb werden nur lasierende Farben verwendet. Der Charakter der Brandmalerei muß erhalten bleiben. Sobald nur mit deckenden Farben gemalt wird, kann man sich das Brennen sparen. Eine mit schwarzer Farbe gezogene Kontur würde dann genügen. Vorwiegend werden Aquarell-, Kasein-, Tempera- und Acrylfarben verwendet. Die Farben werden beim Malen mit Wasser verdünnt und sehr flüssig aufgetragen. Begonnen wird mit den hellsten Farbtönen und erst zuletzt werden die dunklen Schattentöne angelegt. Wichtig ist deshalb, daß man die hellen Farbtöne nicht zu kräftig aufsetzt, da man sonst keine Möglichkeit mehr hat, die Farben in der Tiefe zu staffeln. Wie beim Aquarellmalen das Papier, kann bei der farbigen Brandmalerei das Holz als hellste Farbfläche mitwirken. Einen Behälter mit Wasser zum Pinselauswaschen und zum Verdünnen der Farbe, einen Leinenlappen zum Trocknen der Pinsel und einige Rotmarderpinsel muß man auf dem Arbeitsplatz bereit liegen haben.

Wandbild „Vögel“

Auch hier ist die Brandmalerei Trumpf. Die Farbe ist äußerst dezent angelegt und betont noch das gebrannte Motiv.
Die Rahmen mit den Pappelsperrholzplatten sind in Kaufhäusern, Spielwaren- und Hobbyfachgeschäften zu bekommen. Vor dem Brennen und Bemalen sollte man die Sperrholzplatte aus dem Rahmen nehmen und gründlich mit 240er Sandpapier schleifen.

Wandbild „Ente“

Das Motiv wird mit Transparentpapier auf die Pappelsperrholzplatte übertragen. Die Konturen werden mit dem Brennstift nachgezogen. Auch wenn das Motiv mit Farbe ausgemalt wird, ist es zweckmäßig, daß man die hellen und dunklen Schattentöne mit dem Brennstift bereits ausarbeitet. Man erspart sich so ein langwieriges Mischen der Farben. Mit einem Rotmarderpinsel trägt man die Farben sehr lasierend (stark mit Wasser verdünnt) auf. Die Farbe wirkt an den Stellen dunkler, wo schattierend mit dem Brennstift gearbeitet worden ist. Die braungebrannten Flächen verändern zum Teil die lasierenden Farben und geben der Malerei einen besonderen Reiz. Das Schattieren der Farben fällt dadurch fast weg. Bei einer guten farbigen Vorlage ist das Ausmalen ein Kinderspiel, wobei das Brennen und plastische Ausarbeiten durch Licht und Schatten doch sehr viel zeichnerisches Talent erfordert.

Mit Beize ausmalen

Wenn es gut gemacht ist, kann man es beim ersten Hinsehen mit Einlegearbeiten (Intarsien) verwechseln. Diese Technik ist verblüffend und verhältnismäßig einfach zu erlernen. Im Handel gibt es fertige, kratzfeste Beizen in allen Holztönen. Das Holz wird vor dem Brennen feingeschliffen und dann mit typischen Intarsienmotiven vorgezeichnet. Die Konturen werden nun gleichmäßig und exakt mit dem Brennstift nachgezogen. Über die fertig gebrannten Konturen schleift man noch ein- bis zweimal darüber, um Unregelmäßigkeiten der Brennspur zu vermeiden. Nach dem Entstauben mit einem sauberen Pinsel werden die einzelnen Flächen gebeizt. Zügiges Arbeiten ist beim Beizen notwendig, damit der Verlauf einwandfrei gelingt und eine gleichmäßig eingefärbte Fläche erzielt wird.

Es finden schmale und breite Haarpinsel Verwendung. Die Beize läßt sich leicht und mühelos auftragen, da die Brennspur ein Heraustreten der Beize in andere Felder verhindert. Nun werden noch vereinzelt Adern in Blätter, Schattierungen in Blumen und Tieren eingebrannt. Sobald der Gegenstand fertig gebrannt und gebeizt ist, wird mit der Oberflächenbehandlung begonnen.

Der ganze Holzgegenstand wird satt mit Schnellschleifgrundierung eingelassen. Für den Auftrag ist ein breiter Borstenpinsel zweckmäßig. Nach 10 bis 15 Minuten Trockenzeit wird der Gegenstand das letzte Mal mit 240er Sandpapier feingeschliffen.

Der Staub wird beseitigt, und nun beginnt man mit dem Mattieren. Ein Stück Trikot ballt man zu einem fest in der Hand liegenden Knäuel, feuchtet diesen Ballen gleichmäßig, aber nur mittelnaß an und legt dann ein dünnes Leinentuch faltenfrei herum. Unter leichtem Druck in Holzstrukturrichtung wird die Mattierung aufgetragen. Solange reiben, bis der gewünschte Glanz erreicht ist. Der Auftrag trocknet während der Verarbeitung und klebt nicht nach. Derartig behandelte Stücke wirken äußerst wertvoll.

Konturen brennen – beizen

Eckschrank

aus Massivholz, mit Mahagoni und Nußbaum gebeizt. Die starke Maserung des Holzes hat das Brennen etwas erschwert. Nach einer gut durchdachten Vorzeichnung wurde das Wandschränkchen gebrannt, gebeizt und mattiert. Als kleine Hausbar paßt es in jedes Wohnzimmer und ist zugleich ein Blickfang für den Besucher.

Schlüsselkästchen

Durch die am Kästchenrand gezogene Linie entstand eine reizvolle Füllung, die mit einem Blumenstrauß verziert wurde. Der äußere Teil des Kästchens ist mit Mahagonibeize gebeizt. Die Füllungsfläche um die Blumen herum wurde mit Nußbaumbeize ausgemalt. Mit dem Brennstift kann man die Blumen und Blätter noch leicht schattieren. Zum Schluß wurde die Holzoberfläche mit Schnellschleifgrundierung eingelassen und mit dem Ballen mattiert. Nun sind die Schlüssel immer am richtigen Platz. Kein langes Suchen ist künftig mehr notwendig.

Nähkästchen

Gearbeitet ist der Nähkasten aus Pappel- und Kiefernholz. Beide Holzarten eignen sich gut für diese Beiztechnik. Das Motiv wurde erst auf einem Transparentpapier vorgezeichnet und dann auf das Kästchen übertragen. Nach dem Brennen sind die einzelnen Flächen in unterschiedlichen Farbtönen (Nußbaum und Mahagoni) gebeizt worden. Zum Schluß wurde der Nähkasten noch mattiert.

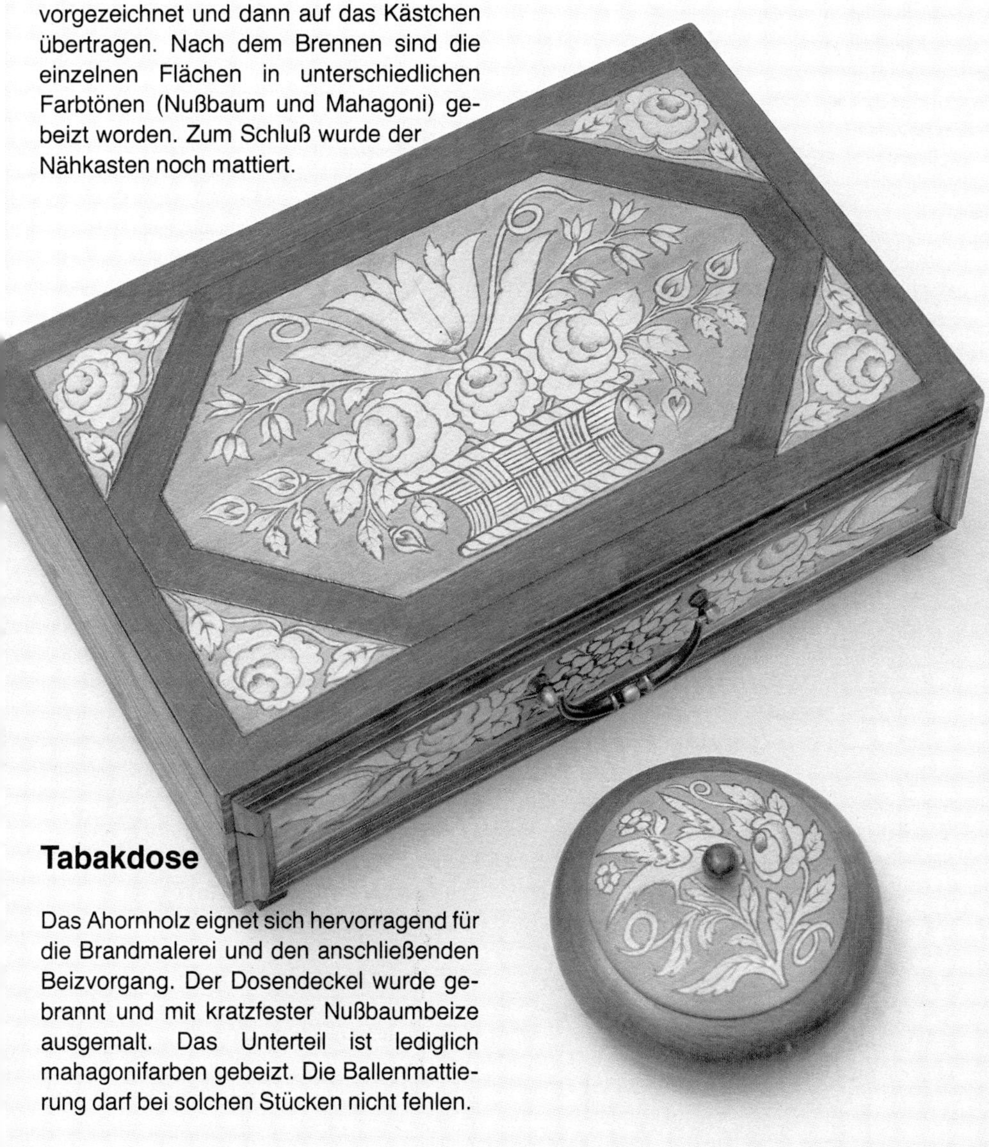

Tabakdose

Das Ahornholz eignet sich hervorragend für die Brandmalerei und den anschließenden Beizvorgang. Der Dosendeckel wurde gebrannt und mit kratzfester Nußbaumbeize ausgemalt. Das Unterteil ist lediglich mahagonifarben gebeizt. Die Ballenmattierung darf bei solchen Stücken nicht fehlen.

Gebrannte Möbel

Die Brandmalerei erreicht an Ausdruckskraft bei Möbeln und Zimmereinrichtungen, Türfüllungen, Wandtäfelungen und Holzdecken ihren Höhepunkt. Bei der Motivgestaltung der Möbel sind dem talentierten Brandmaler keine Grenzen gesetzt. Von einfachen Linienornamenten, über naiv-kindliche Muster bis zu bildmäßigen figürlichen oder landschaftlichen Darstellungen ist alles möglich. Dennoch muß man darauf achten, daß das Motiv zum Gegenstand paßt. Auf einem einfachen Bauernstuhl würde ein Portrait komisch wirken. Beim Entwerfen und Brennen des Motivs sollte man etwas zurückhaltend sein. Ein Möbelstück wirkt schnell überladen und unruhig.

Gebrannte Küchenmöbel, die stark strapaziert werden, sind lediglich mit einem Mattlack einzulassen. Seit einiger Zeit sind Rohholzmöbel für den Hobbymaler auf dem Markt. Die Holzqualität und Machart lassen oft zu wünschen übrig.

Will man Massivholz und saubere Verarbeitung haben, muß man sehr viel Geld investieren. Schauen Sie sich doch mal auf Ihrem Dachboden oder auf dem Ihrer Eltern oder Großeltern um! Oft findet man noch einen alten Schrank, eine Kommode oder eine Truhe. Meistens sind es Gegenstände aus der Zeit zwischen 1900 und 1920, die sich besonders für die Brandmalerei eignen. Da sie nur ein- oder zweimal gestrichen sind, ist die alte Farbe leicht zu entfernen.

Die Möbel sind kaum vom Holzwurm befallen. Leisten, Füße oder andere Teile fehlen in der Regel nicht.

Das Entfernen der alten Farbe

In jedem Farbengeschäft sind Abbeizmittel erhältlich. Sie lösen alle alten Möbelanstriche, ob Nitro-, Kunstharz-, Spiritus- oder Dispersionsfarbe. Der Umgang mit diesen Abbeizmitteln ist nicht ungefährlich, da sie ätzend sind und giftige Dämpfe entwickeln. Beim Arbeiten unbedingt Gummihandschuhe und alte Kleider tragen – nur im Freien abbeizen. Mit einem alten Borstenpinsel wird das Abbeizmittel aufgetragen und solange einwirken lassen, bis die Farbe quillt und reißt. Erst dann mit der Spachtel die Farbe vorsichtig abheben. Das Möbelstück wird nochmals dünn mit Abbeizmittel eingestrichen und mit einer Wurzelbürste und viel Wasser von Farbresten endgültig befreit. Zusätzlich kann man das Holz noch aufhellen (bleichen), indem man sich aus der Apotheke 30%iges Wasserstoffsuperoxyd besorgt und dann das abgebeizte Holz einstreicht.

Holzwürmer beseitigen

Sobald kleine runde Löcher in der Holzoberfläche zu sehen sind, empfiehlt es sich, das Möbelstück innen mit Xylamon (Holzwurmmittel) einzulassen. Bei sehr starkem Befall sollte man das Möbel 2 bis 3 Tage luftdicht verschlossen in einer Plastikfolie im Freien stehen lassen. Danach muß das Möbelstück gründlich gewaschen und ausgelüftet werden.

Holzschäden beheben

Kleine Druckstellen und Unebenheiten lassen sich leicht beheben. Mit heißem Wasser wird die betreffende Stelle benetzt.

Das Holz quillt und die Druckstellen gleichen sich aus. Größere Schäden müssen mit der gleichen Holzart behoben werden; Holzkitt läßt sich nämlich nicht mit dem Brennstift bearbeiten. Sind alle Holzschäden behoben und keine Farbreste mehr vorhanden, so kann mit dem Schleifen der Holzoberfläche begonnen werden.

Vorher sollte man aber das Holz mit warmem Wasser wässern. Erst nach dieser Holzoberflächenbehandlung kann man brennen.

Lackieren

Bevor man eine naturelle Holzoberfläche mit einem Lack überzieht, müssen die Holzporen geschlossen sein. Mit einem weichen Flachpinsel trägt man Schnellschleifgrund (Holz-Einlaßgrund) auf. Nach dem Trocknen der Grundierung (ca. 10 bis 20 Minuten) wird die Holzoberfläche mit 240er Schleifpapier leicht geschliffen und anschließend gründlich entstaubt.
Nun wird der Lack mit einem breiten Haarpinsel in Holzmaserrichtung aufgestrichen. Am besten verwendet man Ein- oder Zweikomponenten-Kunststofflack (seidenmatt oder matt); er ist sehr strapazierfähig.

Ganze Wohnungseinrichtungen lassen sich mit Brandmalerei verzieren

Die Küche zeigt die Möglichkeiten auf. Ein altes Büfett, eine Eckbank mit Nürnberger Motiven verziert, ein Tisch und zwei Bauernstühle mit Blumenranken versehen, ergeben diese gemütliche Sitzecke. Die Spüle ist mit Trachtenmotiven verziert und paßt zur gesamten Einrichtung. Ein Hängeschrank in der gleichen Machart wäre noch angebracht, er würde die Küche noch vollständiger machen. Gebrannte Bilder an der Wand dürfen in einer solchen Küche nicht

fehlen. Die ausgefallene Holzdecke gibt dem Raum die notwendige Wärme und Gemütlichkeit. Die verschiedenen Detailausschnitte lassen erst die mühevollen Brennarbeiten erkennen. Zur Arbeitserleichterung wurden die fertig gebrannten Möbel mit einer Spritzpistole matt lackiert.

Geometrische Ranken-Motive

Die Bretter wurden nicht an der Decke gebrannt, das wäre zu mühselig, sondern auf einem alten Tisch, Brett für Brett. Mit dem Bleistift wurden die zwei verschiedenen Blumen vorgezeichnet und dann mit Transparentpapier auf dem Holzbrett vervielfältigt. Bei dieser Brandmalerei sind robuste Brenneinsätze notwendig, da nur mit sehr hoher Temperatur gearbeitet werden kann.

Städte-Motiv

Wenn man künstlerisch nicht so begabt ist, dann kann man sich alte Stiche und Ansichtskarten zu Hilfe nehmen. Beim Brennen ist auf eine gleichmäßige Schraffur zu achten.

Trachten-Motiv

Das Motiv wurde mit Hilfe des Transparentpapiers übertragen. Die Konturen sind zart mit dem Brennstift nachgezogen und dann vom Gesicht bis zu den Füßen fein ausgearbeitet worden. Das erfordert viel Geduld und künstlerisches Talent.

Wäschekommode mit Spiegel

(Abb. S. 26)

Der Krug und die Schüssel auf der Kommode erinnern an alte Zeiten.
Heute sehnt man sich wieder nach solchen Gegenständen, sie strahlen eine gewisse Gemütlichkeit aus, sind praktisch für die Wäscheaufbewahrung und wirken außerdem sehr dekorativ. Die Kommode und der Spiegelrahmen sind aus massivem Fichtenholz und äußerst solide verarbeitet.

Sehr detailliert und kontrastreich sind die Blumen eingebrannt. Das aufgesetzte, geschnitzte Ornament wurde mit Nußbaumbeize behandelt.

Nachtkästchen

Ein dekoratives Stück, das nicht nur ins Schlafzimmer paßt. Die Motive wurden von der Wäschekommode abgeleitet. Auch das Holz und die Verarbeitungsart ist identisch.

Schrank

Dieser Schrank ist sehr hoch, ebenso sind auch die Füllungen.
Die Motive erfordern sehr viel Geduld zum Brennen. Vor allem, weil der Hintergrund gebrannt wurde. Das Möbelstück wirkt dadurch etwas kontrastreicher.
Erst wurde ein Motiv entworfen und dann auf die zweite Türe mit Transparentpapier übertragen.
Schrank, Kommode, Spiegel und Nachtkästchen sind alle von einem Schreiner gefertigt. Leider fehlen die alten Betten, die vom früheren Besitzer bereits zu Brennholz gemacht wurden, zum kompletten Schlafzimmer.

Kommode aus der Biedermeierzeit

Ein sehr anspruchsvolles Möbelstück, das mit zarten Blumenbuketts verziert ist. Das mühevolle Ablaugen der alten Farbe hat sich gelohnt, die gute qualitative Arbeit des Möbelschreiners und die Schönheit des Holzes kommen jetzt voll zur Geltung. Durch die Oberflächenbehandlung mit Antikwachs erhält das Stück einen gewissen Seidenglanz und wird dadurch insgesamt noch ausdrucksvoller.

Schränkchen

Die Motive des Schränkchens sind sehr tief eingebrannt. Das Gebrannte wirkt fast wie geschnitzt.
Mit dem regelbaren Brenngerät und einem robusten Brenneinsatz wurden die Motive auf einer sehr hohen Stufe ausgearbeitet. Während des Arbeitens sollte man an der Brennspitze ständig eine kleine Flamme erkennen.
Nach dem Brennen wurde das ganze Möbelstück mit Abbeizmittel eingestrichen und mit einer Wurzelbürste und viel Wasser von der dunklen Brennspur befreit. Zusätzlich wurde das Schränkchen noch mit Wasserstoffsuperoxyd gebleicht.

Anrichte
(siehe Titelseite)

Dieses sehr schlichte und einfache Möbelstück ist ca. 50 Jahre alt, aber dennoch ausgezeichnet für die Brandmalerei geeignet. Die Blumensträuße in der Vase sind sehr tief eingebrannt und anschließend mit Abbeizmittel und Wasser etwas heller gestaltet worden. Der Kommodendeckel mit seinen Rankenmotiven und die mit geometrischen Motiven verzierten Schubladen sind ebenso behandelt.
Ein Zweikomponenten-Kunststofflack macht das Möbelstück kratzfest und überall einsetzbar.

Bauernstuhl

Die Formschönheit der Rückenlehne wird durch das Rankenmotiv noch unterstrichen. Der Stuhl ist aus Massivholz und hervorragend verarbeitet.

Truhe

Diese und ähnliche Truhen gibt es in Kaufhäusern, Spielwaren- und Hobbyfachgeschäften zu kaufen. Die Füllungen der Truhe sind aus Pappelsperrholz, die übrigen Teile aus Fichtenholz. Abgeleitet wurden die Motive von alten Intarsienmöbeln. Da derartige Motive nicht überladen wirken sollen, muß man bei den Ranken, Blumen und Vögeln mit dem Ausarbeiten und Schattieren vorsichtig sein. Bei alten Intarsienmöbeln kommen besonders die verschiedenen Holztöne und die Einfachheit der Motive zur Geltung. Zunächst wurde die Truhe mit Sandpapier geschliffen und das Motiv mit Hilfe eines Transparentpapiers übertragen. Das eigentliche Brennen war dann nicht mehr so schwierig. Die Wachsbeize, die es in allen Holztönen im Handel gibt, wurde mit einem Haarpinsel zügig aufgetragen und nach dem Trocknen gebürstet. Man könnte in dieser Technik mehrere Stücke anfertigen und eine komplette Wohnungseinrichtung schaffen. Die abgebildete Wiege und der Wandteller in dieser Technik beweisen das.

Kinder-Wiege

Die Holzverarbeitung, Motivgestaltung, Brenn- und Beiztechnik wurde bei der Truhe behandelt. Auch diese Wiege ist im Fachhandel als Holzrohling zu bekommen.

Schützenscheibe

Das gebrannte Motiv wurde beim Beizen ausgespart. Die Konturen verhindern, daß die Wachsbeize in das Motiv läuft. Die Nußbaumbeize und das Ahornholz bilden einen sehr schönen Kontrast. Solche Arbeiten wirken wertvoll.

Heilkräuter-Schränkchen

Spitzwegerich-, Hagebutten- und Kamillen-Motive weisen auf den Verwendungszweck des Wandschränkchens hin. Die Motive sind sehr detailliert und naturalistisch ausgearbeitet. Der Türrahmen und die Profilleisten wurden noch zur Belebung mit einer Nußbaum-Beize abgesetzt.

Stiefelknecht

Die Maserung des Kiefernholzes hat das Brennen erschwert und eine exakte Linienführung nicht zugelassen. Das Motiv wirkt deshalb etwas unruhig. Aus diesem Grund wurde auf Schattierungen in den Blumen und Blättern verzichtet.

Fußschemel

Die Blumenbuketts sind mit dem regelbaren Brenngerät sehr zart und fein schattiert worden.
Das Weißbuchenholz des Schemels hat fast keine Maserung und läßt ein ganz exaktes Brennen zu. Man kann fließende Übergänge erzielen. Vom hellsten Braun bis zum tiefschwarzen Braun ist jede Farbnuance möglich.
Für solche Arbeiten muß man sich einen ganzen Tag Zeit nehmen.

Nützliche Gebrauchsgegenstände

Frühstücksbrettchen und Fleischteller, Obst- und Salatschüsseln, Untersetzer, Servierbretter und Kochlöffel sind in reicher Auswahl in Kaufhäusern, Spielwaren- und Hobbyfachgeschäften erhältlich. Die natürliche Brennspur macht diese Gegenstände nicht nur zu ewigen Dekorationsstücken, sondern nützlich und für den Hausgebrauch verwendbar. Den Gästen bietet man den Schinken und Käse auf den selbstgebrannten Holztellern an.

Schüsseln für den Hausgebrauch

Die Schüsseln sind aus Ahornholz und sehr sauber gearbeitet. Das harte weiße Holz läßt sich hervorragend brennen. Man kann die Motive bis ins letzte Detail ausarbeiten. Von der hellsten bis zur dunkelsten Brennspur ist jede Schattierung möglich.

Brotschüssel

Die Mohnblumen, Margeriten und Kornähren passen gut zu dieser Schüssel. Das Motiv ist sehr fein ausgearbeitet. Die hauchzarten Schattierungen lassen die Blumen äußerst plastisch wirken. Mit 240er Sandpapier wurde die fertig gebrannte Schale geschliffen und anschließend mit Schnellschleifgrundierung eingelassen. Damit die Schüssel nicht nach dem ersten Abspülen Flecken zeigt, wurde sie mit einem Kunststofflack überzogen.

Obstschale

Bei diesem Blättermotiv wurde ein Zirkel zu Hilfe genommen. Auf dem Transparentpapier zeichnet man zwei Blätter und die entsprechenden Knospen vor. Nun mißt man ab, wie oft und in welchem Abstand dieses Motiv am Kreis entlang reinpaßt. Man macht sich Anhaltspunkte und überträgt das Randmotiv auf die Schale. Die Blätter und Knospen sind sehr dunkel gebrannt!

Holzständer mit Fleischtellern

Ahorn. Teller für ein zünftiges Schinkenessen, nicht nur praktisch, sondern auch sehr dekorativ.

Am Rand mit Gräsern verziert. 7 verschiedene Motive. Reizvoller Kontrast durch das helle und dunkle Braun. Ein nicht verzierter Ständer ergibt einen besseren Gesamteindruck.

Zierbrettchen

Der Anfangsbuchstabe ist aus lauter Punkten gearbeitet. Am besten man punktiert erst die Konturen des Buchstabens. Die Fläche ist dann nicht mehr schwierig, nur noch zeitaufwendig. Das Blumenmotiv ist plastisch angelegt und sehr fein mit dem Brennstift schattiert.

Kochlöffel

Preiswerte und nützliche Gegenstände, die sich für den Anfänger gut eignen. Sie sind nicht nur Dekoration, sondern auch richtig zu verwenden. Verziert sind die Kochlöffel mit Kreisen, Dreiecken, Ovalen und einfachen Linien. Gebrannt wurde mit einer sehr hohen Temperatur.

Holzschaff

Zu einer zünftigen Brotzeit gehören Brot und Brötchen. Das Schaff ist dafür bestens als Behälter geeignet. Kornähren, Mohnblumen und Margeriten passen vom Motiv her dazu. Der Rand oben ist mit kurzen auslaufenden Strichen verziert.

Wandteller

Als Motive bieten sich vorwiegend Blumen an. Natürlich kann man auch Städteansichten, Portraits und sinnige Sprüche brennen. Man ist sehr schnell beim Kitsch angelangt. Beim Erstellen des Entwurfs gibt es eine wichtige Hilfe. Am besten legt man einen Bogen Transparentpapier auf den Teller und hält die Umrißlinien der inneren Kreisfläche und die des äußeren Randes fest. Nun kann man den inneren Kreis ausschneiden und zweimal falten; so hat man den Mittelpunkt und vier Hilfslinien. Das Motiv läßt sich dadurch leichter und übersichtlicher gestalten. Den Entwurf überträgt man durch Unterlegen von Graphitpapier, das man sich aber auch selbst herstellen kann. Das vorgezeichnete Transparentpapier wird auf der Rückseite mit dem Bleistift eingestrichen und dann mit der eingestrichenen Seite auf den Rohling gelegt. Danach fährt man mit dem Bleistift die Konturen nach. Nimmt man das Papier weg, ist sauber und präzise das Motiv zu erkennen. Ebenso wird das Randmotiv übertragen. Das Brennen und Ausarbeiten ist für einen erfahrenen Brandmaler dann ein Kinderspiel.

Die Teller sollten alle lackiert, gewachst oder mattiert werden. Man erzielt eine bessere Ausdruckskraft und längere Haltbarkeit.

Broschen

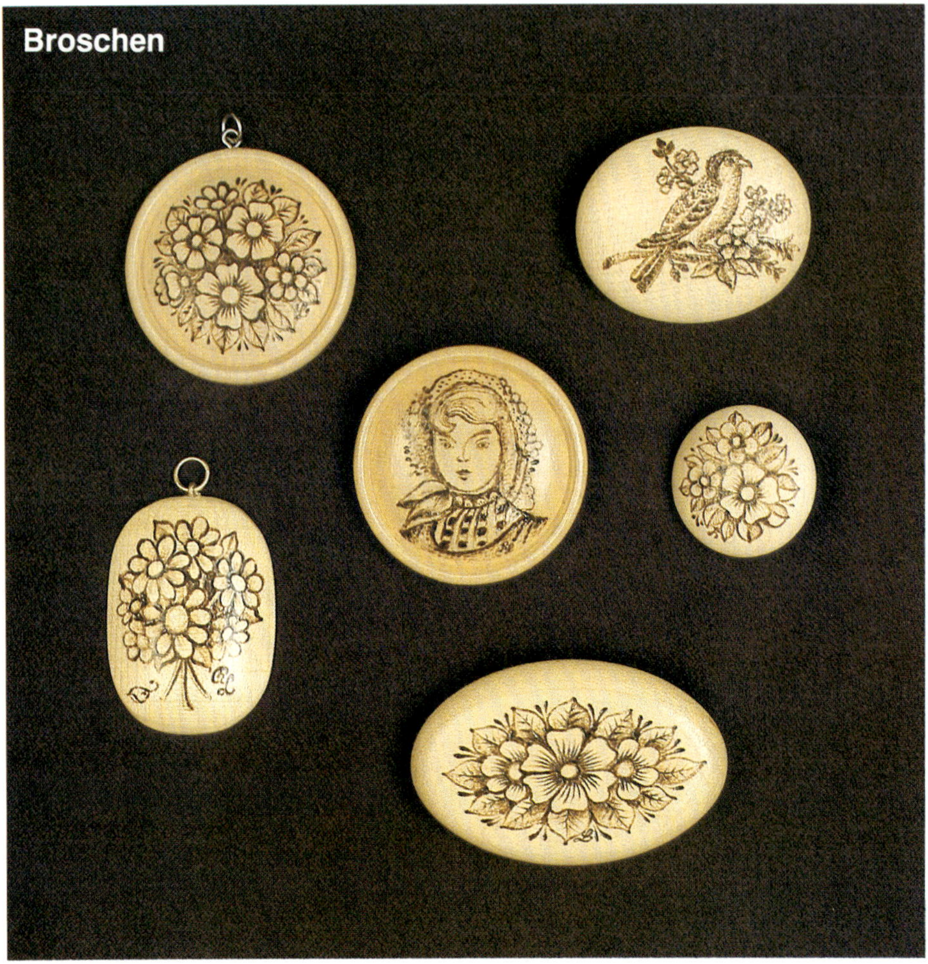

Dieser attraktive Modeschmuck läßt sich für wenig Geld selbst herstellen.

Profilierte und glatte Broschen-Holzrohlinge gibt es in verschiedenen Holzarten im Hobbyfachhandel. Ahornholz sollte man bevorzugen, da die Konturen und Schraffuren gestochen scharf herauskommen. Beim Buchenholz sind die feinen Schattierungen nicht so effektvoll. Erst durch das Lackieren erhält das Holz seinen warmen Ton und läßt die Brennspur besser wirken.

Zum Schluß muß noch die Anstecknadel befestigt werden. Das flache Teil der Broschennadel wird mit Schleifpapier angerauht und dann mit Zweikomponentenkleber bestrichen. Die Anstecknadel wird auf die Rückseite der Brosche gelegt und leicht angedrückt, nach einer Stunde kann die Brosche bereits am Pullover stecken.

Schmucktruhen

Sie sind aus Ahornholz und Pappelsperrholz hergestellt. Die flachen Ahornkästchen sind etwas stabiler und formschöner als die Pappelsperrholztruhen, dafür sind die Truhen aus Pappel preiswerter und für den Anfänger leichter zu bearbeiten. Die Blumen der Ahornkästchen sind sehr fein gebrannt. Durch den dunkel ausgearbeiteten Hintergrund der hell und zart ausläuft, wurde das gesamte Motiv hervorgehoben und vom Holz kontrastreich abgesetzt. Den Deckelrand kann man noch zur Belebung dunkelbraun brennen. Bei der Pappelsperrholztruhe wurden lediglich die Blumen detailliert gebrannt. Den Hintergrund bildet das helle Holz.

Teller (Abb. hintere Umschlagseite)

aus Ahornholz, 30 cm ∅. Mit Wachsbeize ist das gebrannte Motiv ausgemalt. Durch anschließendes Bearbeiten mit der Bürste und dem Wollappen erhält der Teller seinen Seidenglanz.

Tabletts

Die verschiedensten Formen und Ausführungen sind im Fachhandel erhältlich. Beim Kauf ist darauf zu achten, daß es sich um einwandfreies Holz handelt. Nur dann lassen sich diese beiden Techniken so exakt ausführen. Ahorn, Birke und Weißbuche eignen sich am besten. Man muß sich nicht, wie bei Nadelhölzern, mit der hartnäckigen Maserung beim Brennen herumärgern, sondern kann sich voll auf das Brennen und Schattieren konzentrieren. Das harte und weiße Holz ist haltbarer, stabiler, kontrastreicher und anspruchsvoller. Die gebeizte Fläche hebt sich vom Naturholz besser ab. Intarsienähnliche Arbeiten wirken auf diesen Hölzern echter. Diese Gebrauchsgegenstände sollte man unbedingt lackieren, sie sind haltbarer und strapazierfähiger.

Wandbilder (Abb. S. 48)

Darstellen kann man naive Bilder, Portraits, Stadtansichten, Tier-, Blumen- und Rankenmotive in allen Variationen. Es gibt im Fachhandel sehr schöne Rahmen in Natur und gebeizt. Man muß sich nur noch ein Pappel- oder Ahornbrettchen als Bildträger besorgen, das man dann in den Rahmen einpaßt. Rahmen mit Sperrholzbrettchen sind auch schon im Handel. Das entsprechende Motiv sollte man erst mit dem Bleistift vorzeichnen. Bevor man mit den dunkelsten Schattentönen beginnt, müssen erst zart die Umrißlinien und hellste Lichter gebrannt werden.

Brandmalerei

Möbel und andere nützliche Gegenstände

Vor einigen Jahren entdeckte man nur in Souvenirläden auf Andenkentellern spärlich Brandmalerei, meistens noch mit allerlei Sprüchen verziert. Mittlerweile bietet das Malen mit dem glühenden Stift den Hobbymalern und den Künstlern neue Ausdrucksmöglichkeiten. Gebrannt werden einfache Gebrauchsgegenstände, attraktiver Modeschmuck, naive und realistische Bilder und ganze Möbeleinrichtungen. Außer Holz, Leder und Kork kann auch heller Samt auf der niedrigsten Temperaturstufe gebrannt werden.
Die neuartigen Brenntechniken in diesem Buch zeigen dem versierten Brandmaler unerwartete Möglichkeiten auf. So kann man Intarsienarbeiten eindrucksvoll kopieren und auf alten Möbeln den Tiefbrand so ausführen, daß es wie Schnitzerei wirkt. Wie man diese Techniken auf Möbel und Gebrauchsgegenstände umsetzt, wird anschaulich erklärt.
Leider werden durch die Vielzahl der Brenngeräte, die auf dem Markt sind, der erfahrene Brandmaler und insbesondere der Anfänger sehr verwirrt. Auf den nachfolgenden Seiten werden die Vor- und Nachteile der einzelnen Brennapparate erläutert.

Verschiedene Brenngeräte

Brennpeter

Ein lötkolbenähnlicher Brennapparat (220 Volt, 22 Watt), der an die normale Steckdose angeschlossen wird. Die dazugehörenden Brennstifte ermöglichen das Brennen von verschiedenen Grundformen. Mit einem kleinen Schraubenzieher löst und befestigt man die Brennstifte. Zwischendurch sollten sie mit der Drahtbürste gereinigt werden, damit eine gleichmäßige Brennspur gewährleistet ist. Das Wechseln der Brennstifte nimmt man mit der Zange vor, um Hände und Finger vor Verbrennungen zu schützen. Dieses relativ preiswerte Brenngerät ist einfach zu bedienen und deshalb für den Anfänger besonders zu empfehlen. Die verschiedenen Brenneinsätze ermöglichen auch weniger Begabten bemerkenswerte Resultate. Das Ziehen von Konturen und das Zeichnen erfordern schon etwas mehr Geschicklichkeit. Gegenüber den regelbaren Brenngeräten erreicht der Brennpeter nicht die hohe Temperatur, und man muß dashalb mehr Geduld aufbringen. Dieses Gerät sollte man vorwiegend für kleine Gegenstände einsetzen.